Paul Gisi
Pinselstriche des Weltalls
Lyrische Notizen

Books on Demand

Bibliographische Information der Deutschen National-
bibliothek: Die Deutsche Nationalbibliothek verzeichnet
diese Publikation in der deutschen Nationalbibliogra-
phie, detaillierte bibliographische Daten sind im Internet
über http://dnb.dnb.de abrufbar.

© 2018 Autor: Paul Gisi
Umschlagbild Ludwig Weibel
Herstellung und Verlag:
BoD – Books on Demand, Norderstedt
ISBN 9783746068954

Paul Gisi

Pinselstriche des Weltalls

Lyrische Notizen

Inhalt

I
Pinselstriche des Weltalls
Lyrische Notizen
5

II
Bibliografie 1969 bis 2018
73

I
Pinselstriche des Weltalls

Lyrische Notizen

Im Bild
der Worte
finde ich mich

verliere ich mich

*

Schwer seufzt
der Pupurprachtbarsch
er möchte
mit den Sternen
tanzen

*

Das Leben
ist ein Rausch
eine Ekstase
eine Sinfonie
in deiner Hand

*

Ich schenke dir
lächelnd
ein paar Clownfische

falle tief
in dich hinein
schweigsam

*

Noch hängen
einige Sonnen
an den Ästen
bevor der Wind
alles
in die Dunkelheit bläst

*

Wir begegnen uns –
der Sturm setzt sich zur Ruhe –
der alte Mann schweigt

*

Die Schrift
der Kiefernrinde
ist nur nachts
lesbar

*

Leicht
wie eine Stunde
schwer
wie eine Minute
pendelt
das Unfassbare
zwischen dir und mir

*

Leg dich zu mir
wir haben uns
in dieser Kälte
nichts zu geben
als einen Augenblick
W ä r m e

*

Lustbeseligend
der Armflosser

die Liebe
steigert sich
bis zur Ekstase

*

Ich vertiefe mich
in Tuschzeichnungen
und Gedichte
des Zen-Meisters *Sengai*

glücklich bin ich
dass du
heute Nacht
zu mir kommst

*

Auf dem Weg
zu mir
begegne
ich dir
N a m e n l o s e s

*

Wunder an Wunder
in den Stürmen der Nächte –
fraglos dein Atem

*

Wenn du singst
wenn du schweigst
– ich verstehe dich

*

In der Zisterzienserabtei
Sénanque
singt eine Smaragdeidechse
die Matutin

Lavendelduft
umarmt
die Wandlungen

      *

Ich unterscheide
nicht mehr
zwischen Fülle
und Leere

ich singe

      *

Der Prachthaubenadler
hackt
dein Herz
lebenstrunken

*

Ich umfange
deinen nackten Leib
in glühender Sonne
traumversunken
in Lust

*

Ich schreibe das Wort
im Pulsschlag der Mitternacht –
Leben aufersteht

*

Trennung
und Imagination
sind e i n s

ich entzünde
ein Licht
für dich

*

Ich umarme
deine Gefährdungen

*

Schwarze Wellen
überfluten mich

ich stürze
in finsterste Nacht
ins Herz des Tiefseefischs

*

Der Kernbeisser
knackt für mich
rote und weisse Zwergsterne

*

Ich schweige
mich aus
in den Worten
– male Liebe

*

In meinen Nächten
brenne ich
auf dich hin
Universum

      *

Ich überschreite mich
hinter den Schleiern
zu dir hin
L e b e n

      *

Löse dich
von aller Zerstreuung
verweile im Einssein
von Ursprung
und Ziel

      *

Schwarzhäutig
der Tag

im Innern
brennt
Licht

      *

Lichtflocken
fallen
von deinen Wimpern
auf meine Zunge

nun könnte ich
stundenlang reden

*

Die Vergänglichkeit
alle Phänomene
brennt
auf meiner Zunge

komm
küssen wir uns
liebesirr

*

Es gibt
keine Lehre
der Vielheiten
der Einzelheiten
es gibt
nur L u s t

*

Du findest dich
in den Farben
des Weltalls
in der Sprache
Gottes

*

Wir verlieren uns
halten uns an den Händen –
Luziferin du

*

Berauscht
von den Farben
des Weltalls
steige ich
zu dir hinauf

e w i g e s G e h e i m n i s

*

Wir schreiten
aufeinander zu
als ob das möglich wäre

*

Ich umarme dich
wenn du glaubst zu versinken –
ach wie schön du bist

*

Möwe überm See –
Bambus wie Harfensaiten
am stillen Ufer

*

Zieh dich aus vor mir –
Weltallbrand in der Wollust –
das Wort verschweigt sich

*

Du kommst
von weit her
und liest
Johannes vom Kreuz

*

Ein Brillensalamander
liest
José Lezama Limas
P a r a d i s o

*

Ich versinke
tief in dir
in der Anbetung
der Schöpfung

*

In Sechzehntelnoten
hüpft der Asselspinner
durch die Welt

unsre Lippen
finden sich

*

Krustenanemonen
überwuchern
die Träume
wenn ich bei dir bin
wenn ich dich
verlasse

*

Ich finde mich
im Larghetto
verliere mich
im Rondo
des Nocturnes

*

Wenn fiebrige Hitze
mich erfasst
kühle ich mich ab
im Silber der Sterne

*

Du schenkst mir
dein Schweigen

*

Die Gespensterkrabbe
A n g s t
wandert
durch den Albtraum

nur mühsam
finde ich
ins Leben zurück

*

Die Vielheiten
werden in deinem Auge
zu Einheiten

*

Wasserasseltanz
auf dem Weg der Erleuchtung –
Liebe singt in dir

       *

Aus dem Weinglas
springt mich
ein Kobold an

wir lachen
zusammen

       *

Ich fliege
über den Seerosenteich
von Claude Monet
zu dir
in die Auffächerungen der Seele
in die Farben der Träume
in die Sinfonie des Herzens

*

Lies die Schrift
der Kiefernrinde
du lernst
das Schweigen

*

Nach dem Paradies
sehnt sich der Regenpfeifer –
mir geht es wie ihm

      *

Kakadufarben
der Traum

in ihm
auferstehe ich
zu dir hin

      *

Mit dem Gewicht
der Nacht
eile ich zu dir
um in deinem Atem
zu gesunden

*

Ich tauche
tief in mich
und finde dich
U n i v e r s u m

*

Ich danke dir
dass du so bist
wie du bist
mit deinen
verblüffenden Undefiniertheiten

      *

Die Regentropfen
fallen auf mein weisses Haar –
Nacht tanzt mit dem Herz

      *

Im Schweigen
redet
die Schöpfung

*

Fliessend
wellend
strömend
bist du
N a c h t
in mir

*

Ich trinke
dich
du trinkst
mich

den Durst stillen
können wir beide nicht

      *

Deine Träne
trägt
das Universum

      *

Der Horizont
spiegelt sich
in deinen Augen

suche nichts
es ist alles
in dir

*

Formvollendet
liegst du
vor mich
nacktes Wort

*

Wir erleben uns
in der Lust
im irren Tanz

*

Ich neige mich
zu dir
in deine Geheimnisse

*

Deine schlanken Hände
malen
die Leerheit
aller Formen

*

In den Träumen
des Feuerbauchmolchs
singt
das Universum

*

Ich kann sie
nicht entziffern
die Schrift
der Kiefernrinde
doch ich kann sie
verbrennen
um mich zu wärmen

*

Die Sonne
taucht
ins Meer
um den Fischen
auf dem Heimweg
zu leuchten

*

Synkopen der Lust
auf der Palette
Sirius'

die Pinselstriche
klingen und singen

*

Wir modellieren uns
wie zwei Töpfergefässe
in den Gedanken
und Emotionen
die in uns fliessen

*

Im Tropfenzähler Gottes
fallen Jahrmillionen
in dein Herz

– wir küssen uns

*

Mit dem Periskop
schaue ich
in deine Seele
ins Gehäuse des Himmels

*

Ein Feuerbauchmolch
versenkt sich
in Donizettis
Lucrezia Borgia

*

Aufgehoben
ist die Schwerkraft
wenn du
bei mir bist

*

Die Sonne
ist eine brennende Kirsche
nah an deinem Mund

*

Wir taumeln
alle
im Angesicht
des Absoluten

*

Ich bin auf dem Weg
zu dir
auch wenn ich weiss
dass ich niemals
bei dir ankomme

*

Ich beachte
den Abgrund
vor mir nicht
ich sehe
nur dich

*

Ich höre
das Liebeslied
der Segelquallen
die weit fortziehn
bis zu mir

*

Mit meiner Hand
umfasse ich
das Sternbild
Berenike

ich reiche dir
diese Hand
im Glühn der Liebe

*

In Lichtkaskaden
singt das Lied
von Lust und Leid –
das Universum lacht

*

Sumpfkressengoldgelb
schreibe ich
einen Liebesbrief
an dich
Unbekannte

*

Monets Seerosen
taumeln
Hand in Hand
mit den Gesängen
des Weltalls

*

Dunkle Ströme
in mir

die Feuerkoralle
lächelt
geborgen
in Buddhas Hand

*

Dreibärtelige Seequappen
üben am Firmament
eine Pantomime

*

Du schenkst
mir
deine Fülle

ich schenke dir
mein Nichts

*

Wir finden uns
im Irrlichtertanz

   *

Du bist
unendlich weit
von mir entfernt
Geliebte

im Horizont
umarmen
wir uns

   *

Die Finger
der Einsamkeit
würgen mich
wenn du
nicht bei mir bist

*

Der Zen-Meister
Sengai
lacht
wie ein Kugelfisch

*

Alte Kiefer
du schreibst
L e b e n
in deine Rinde

dies zu entziffern
dafür bin ich nicht gekommen

        *

Medusensterne
singen ein Requiem
für mich –
was gäbe es Schöneres?

        *

Die Liebe
ist gross
wie der Ozean
denkt sich
der Gelbe Krötenfisch
und saust davon

    *

Wie ernst
ist doch die Welt

ICH LACHE

    *

Hundert Jahre
Leben
sind wie ein Flaum

*

Erfülltes Leersein
von allen Dingen
entfaltet sich
in mir

*

Das Seemannsliebchen
schreibt mir
einen Liebesbrief –
ich bete dich an

*

Im Drachentempel
herrscht Freude

Weisheit
und Barmherzigkeit
tanzen
eng umschlungen

*

Du allein
misst
die Dimensionen
des Himmels

      *

Auf der Grenzlinie
von Leben und Tod
tanzt
flackerndes Licht
ruft ein letztes Wort
dir zu

      *

Spiralgalaxien
fliehen ins Unendliche
in deinem Atem
– finden sich
im Unermesslichen
des Worts

      *

In den Zimmern
des Kosmos
brennen
tausend Sonnen
wie Leselampen

zu lesen
macht glücklich

      *

In bunten Scherben –
sie liegen dir zu Füssen –
spiegelt sich das Nichts

*

Du hörst den Gesang
der Blutbuchen – suchst das Lied
das dich rettete

*

Ohne deine Hand
falle ich
ins Bodenlose

*

In der Überflutung
des Lichts
geschieht Vollendung

das geht
auch dich an
kleiner Tausendfüssler

*

Ich tauche
in die Elemente
in den Strom
des Werdens

      *

Mich rettet
nur das Wort
das Bild
das du
W e l t
mir schenkst

      *

Dadurch
dass ich mich
von dir entferne
nähere ich mich
dir

*

Lang ist der Weg
von mir zu dir
von Staubkorn zu Staubkorn

*

Vergänglich
sind alle Phänomene

der Weg
zur Vollendung
lässt alles
hinter sich

      *

In entweichenden Schatten
steigt das Lied
der Bratsche auf –
liebend herzwärts

      *

Gib die Gewohnheiten auf
und lasse
alle Erscheinungen
hinter dir

*

Vögel fliegen
als Pinselstriche
des Seins –
Leerformen
der Vollendung

*

Du schenkst mir
Unaussprechliches
Collagen von Visionen

*

Im Weltalllicht
flutet dein Atem
zu mir
fernnah
in diesem Augenblick

*

Das Absolute
gibt es nur
in den Fragmenten
– im ekstatischen Tanz

*

Spirituelle Einsicht
braucht die Lust

*

Du verlierst dich
in die tausend Wirklichkeiten
hin auf das W e s e n
aller Dinge

    *

Ich schenke dir
meine Qual
mein Entzücken
mein kleines Nichts

    *

Entsage
den Dingen –
erlebe alle Dinge

*

Dornröschenkorallen
tanzen irr
im Sternenwind –
wir umarmen uns

*

Trunken vor Fülle
trunken vor Leere
in der Kiefernrinde steht's

    *

Entferne dich
von den Ursachen
der Selbsttäuschung

bleib frei

    *

In feuerumprasselter Nacht
suche ich dich
kleiner Einsiedlerkrebs

*

Aus dem Labyrinth
des Schweigens
findest du mich
W o r t d e r L i e b e

ENDE DER LYRISCHEN NOTIZEN

■■■ ı

II
Bibliografie Paul Gisi
1969 bis 2018

1969
«Herbst – Tag». Schallplatte. Gedichte: Paul Gisi;
Rezitation: Otto Huber; Klavier: Eugen Greutert /
(vergriffen)

1970
«Gegen die Zeit und Zwischen unendlichen
Gewittern». Jugendgedichte / (vergriffen)

1971
«Ich bin Du». Gedichte / (vergriffen)
«Vorbei ist Nacht/Winterliches Ahnen». Gedichte
/ (vergriffen)

1972
«tropfworte». Gedichte / (vergriffen)
«Odonata». Gedichte / (vergriffen)
«Tagebuch aus der Provence 1971/Rote
Schwanentrilogie und andere Gedichte» /
(vergriffen)
«Eisblume am Fenster der Liebe». Gedichte /
(vergriffen)
«Werkhauptprobe acht». Gedichte, Erzählungen,
Aufsätze / (Fr. 14.-)

1973
«Mein Resedagrün». Gedichte / (vergriffen)

«Finsternisse oder Gott küsste den Teufel». Eine
Passion / (vergriffen)
«Flamme». Gedichte / (vergriffen)
«Irrgang durchs Raumlose». Gedichte /
(vergriffen)
«Wenn dich der Hauch des Wunders trifft». Über
die Schweizer Lyrikerinnen Erica Maria
Dürrenberger, Gerda Seemann und Sonja Passera /
(vergriffen)

1974
«Am Puls des Menschen». Gedichte / (Fr. 13.-)

1977
«Wort und Leben». Sätze / (vergriffen)
«Kleine Provenzalin». Gedichte / (vergriffen)

1978
«Isotope einer Sehnsucht». Gedichte / (vergriffen)
«Kohlensäure». Gedichte; gemeinsam mit Rolf
Moser / (vergriffen)

1979
«Im Sternbild Kassiopeia». Gedichte / (vergriffen)
«Mass und Leidenschaft». Sätze / (Fr. 8.-)
«wenn die paranoia der menschheit siegt».
Gedichte / (vergriffen)
«im eiskalten weltraum». Gedichte / (vergriffen)
«Akkorde der Lachmöwe». Gedichte; Frottage-
Kreidezeichnungen von Edelbert Bregy /
(vergriffen)

1980
«In der Milchstrasse der Worte». Gedichte /
(vergriffen)
«Sternbilder der Liebe». Gedichte / (vergriffen)

«Verwandlungen». Texte; Zeichnungen von
Edelbert Bregy / (Fr. 8.-)
«Zwischen Apathie und Begeisterung». Sätze /
(vergriffen)

1981
«Aline». Gedichte / (vergriffen)
«Position». Exposé / (vergriffen)

1982
«Glockenmantel der Nacht». Gedichte / (Fr. 6.-)
«Fragmente eines alten Kapitäns», Gedichte /
(Fr. 12.-)

1983
«Eine Handvoll Nichts». Sätze / (Fr. 12.-)
«Der zärtliche Wahn». Gedichte, mit farbigen
Originalholzschnitten von Gerhard S. Schürch /
(vergriffen)
«Der grünäugige Laternenfisch». Gedichte;
Zeichnungen von Edelbert Bregy / (Fr. 14.-)

1984
«Brief an Achaz». Prosa / (vergriffen)
«Milchstrassenlaterne». Gedichte, mit farbigen
Original-Lithographien von Walter Fuchs /
(Fr. 20.-)
«Schwarze Löcher». Gedichte; Zeichnungen von
Heinz Fuhrer / (vergriffen)
«Fieberflammen». Gedichte / (Fr. 7.-)
«Höhle der Spinne». Gedichte / (Fr. 16.-)

1985
«Hitzerisse der Angst». Band 1 von «Risse des
Lebens». Gedichte / (Fr. 16.-)
«tribunal vor dem nichts». Gedichte / (vergriffen)

«Sturzwogen nach Mitternacht». Gedichte /
(vergriffen)

1986
«Schimmel aus Wahn». Sätze (Fr. 15.-)
«Windzunge». Haikus / (vergriffen)
«In den Augen gongt die Zeit». Gedichte /
(Fr. 6.-)
«Die weinrote Languste schweigt».
Liebesgedichte / (vergriffen)
«Magie und Farce». Gedichte / (Fr. 5.-)

1987
«Deine Zunge tropft in meinen Mund».
Liebesgedichte / (Fr. 10.-)
«Lichtrisse der Liebe». Band 2 von «Risse des
Lebens». Gedichte / (Fr.16.-)
«Selbstbildnisse». Gedichte / (Fr. 5.-)

1988
«Die Unvernunft des Troubadours». Gedichte /
(vergriffen)
«Shi Zuzhao oder Im Spinnennetz der
Spiralgalaxie». Liebesgedichte / (Fr. 28.-)
«Verwüstungen». Gedichte / (vergriffen)
«Notizen einer Amöbe». Sätze / (Fr. 16.-)
«Pestilenziarium». Gedichte / (Fr. 25.-)

1989
«Du Gott». Mystische Metaphern / (Fr. 9.-)
«Bogenstrich». Gedichte; Zeichnungen von
Walter Fuchs / (Fr. 28.-)
«Blutalgenbrand». Gedichte / (vergriffen)
«Der alte Weinrote Zackenbarsch». Paroxysmen
(Fr. 22.-)
«Mit den Farben der Zunge». Gedichte / (Fr. 11.-)

1990
«Abstürze». Sätze / (Fr. 6.-)
«Die Schritte des Feuers». Gedichte / (Fr. 9.-)
«Daswasserdesschweigeflusses». Lyrische Gleichnisse / (vergriffen)
«Im Schatten der Täuschung». Gedichte; Zeichnungen von Rainer Kälin / (Fr. 28.-)
«Nachtbrand». Lyrische Gleichnisse / (vergriffen)

1991
«Wir stürzen ins Aufflammende nieder». Lyrische Gleichnisse; Zeichnungen von Edelbert Bregy / (vergriffen)
«Dubrennenderatemdu». Lyrische Gleichnisse / (Fr. 10.-)
«Feuerwimpern». Gedichte / (vergriffen)

1992
«Betrachtungen eines Wurms». Prosatexte. Philosophische Gedanken / (vergriffen)
«Sturzwellen des Untergangs». Sätze / (Fr. 6.-)
«Ich der Ozeanograph deines kleinen Körpers». Liebesgedichte / (Fr. 9.-)
«Dunkle Cellotropfen». Gedichte / (Fr. 11.-)

1993
«Helle Dunkelheit». Beschwörungsformeln / (vergriffen)

1994
«Bilder von Lust und Qual». Prosafieberwahn / (vergriffen)
«Das Universum des Schlangenaals». Gedichte. Sätze. Erzählungen. Mit einem Originalholzschnitt von Gerhard S. Schürch / (Fr. 35.-)

1995
«Die Lust des Verzweyffelns». Musicalische
Verliebtenschrifft freymuhtige Luszt-Gedichte
sambt Erkenntnis des Lebens Dunckelheyt /
(Fr. 7.-)

2001
«Gedanken eines alten Zackenbarschs». Sätze /
(Fr. 12.-)

2006
«Nachtwucherungen». Gedanken und Geschichten
aus dem Drehfauteuil. Prosa / (vergriffen)

2009
«Bei den Windmühlen hinter den Schwarzen
Löchern». Liebesgedichte / (Fr. 12.-)

2010
«Der konkrete Atem des Weltalls». Briefe an
Claudia 2009 bis 2010
(Publikation gesperrt bis 17. Juli 2049)

2011
«Auf deinen Fingerbeeren tanzt das Weltall».
Liebesgedichte 1995 bis 2010
(Gesamtausgabe) / (vergriffen)
«Feueratem». Liebesgedichte / (vergriffen)
«Ich bete deinen seenelkenweissen Körper an».
Liebesgedichte / (vergriffen)
«Sonnenfackeln in der Nacht». Liebesgedichte /
(vergriffen)
«Erfüllt von den Wirklichkeiten». Liebesgedichte
/ (vergriffen)
«Körperumkörpert», Liebesgedichte / (vergriffen)
«Oleivo der Maler – Passagen aus einem
Künstlerleben», Prosa / (vergriffen)

2012
«Die zunehmenden Quäntchen Wahnsinn».
Briefe an Claudia 2011 /
(Publikation gesperrt bis 17. Juli 2049)
«Briefwechsel 2011 / 2012 mit dem Lyriker
Felix Güntert»,
(Publikation gesperrt bis 17. Juli 2049)
«Testament der Leidenschaft». Sätze / (vergriffen)
«Glutsturz in den Adern». Liebesgedichte /
(vergriffen)

2013
«Fuss fassen im Bodenlosen». Sätze / (vergriffen)
«Simon der Dichter – Teilsichten aus einem
Künstlerleben». Prosa / (vergriffen)
«Erschütterungen, Änderungen».
Briefe an Claudia 2012 /
(Publikation gesperrt bis 17. Juli 2049)
«Briefe an Olivarius». 2012 / 2013 /
(Publikation gesperrt bis 17. Juli 2049)

2014
«Briefe an Simon». Prosa / Sätze / (vergriffen)
«Gewichtlos, schwer von Welt». Gedichte /
(vergriffen)

2015
«Lichthin in deinen schwarzen Pupillen». Prismen
/ (vergriffen)
«Ich lösche dein Feuer mit meiner Zunge».
Liebesgedichte / (vergriffen)
«Nächte des Knurrhahns». Testament der
Leidenschaft.
Aphorismen, Fantasien, Briefe / (Fr. 7.40.-)

2016
«Auf deinen Fingerbeeren tanzt das Weltall».
Liebesgedichte (Fr. 12.90),
«Oleivo der Maler». Passagen aus einem
Künstlerleben (Fr. 7.50)
«Simon der Dichter». Teilsichten aus einem
Künstlerleben (Fr. 7.50)
«Lichthin in deinen schwarzen Pupillen».
Liebesgedichte (Fr. 8.90)

2017
«Ausgebrannte Erleuchtung». Gedichte (Fr. 7.50)
«Das Universum setzt Segel».
Mit Nachbemerkungen des Lyrikers.
Gedichte (Fr. 9.80)
«Irrlichtertanz». Fantasiestücke. Mit «Sei klar wie
eine Galaxie. Ratschläge für einen jungen
Lyriker» (Fr. 7.50)

2018
«Pinselstriche des Weltalls». Lyrische Notizen

Stand: Februar 2018

Werke von Paul Gisi 2015 bis 2018 bei Books on Demand, Norderstedt, Deutschland

op. 101 «Nächte des Knurrhahns», Testament der Leidenschaft. Aphorismen, Fantasien, Briefe (2015)

op. 102 «Auf deinen Fingerbeeren tanzt das Weltall», Liebesgedichte (2016)

op. 103 «Oleivo der Maler», Passagen aus einem Künstlerleben, Prosa (2016)

op. 104 «Simon der Dichter», Teilsichten aus einem Künstlerleben, Prosa (2016)

op. 105 «Lichthin in deinen schwarzen Pupillen», Liebesgedichte (2016)

op. 106 «Ausgebrannte Erleuchtung», Gedichte (2017)

op. 107 «Das Universum setzt Segel», Gedichte. «Mit Nachbemerkungen des Lyrikers» (2017)

op. 108 «Irrlichtertanz», Fantasiestücke, und «Sei klar wie eine Galaxie», Ratschläge für einen jungen Lyriker (2017)

op. 109 «Pinselstriche des Weltalls», Lyrische Notizen (2018)

Paul Gisi wurde 1949 in Basel geboren. Lyriker, Schriftsteller, lebt in Rorschach (Schweiz)

zackenbarsch.gisi@gmail.com
www.zackenbarsch.ch

www.ingramcontent.com/pod-product-compliance
Lightning Source LLC
LaVergne TN
LVHW042156070526
838201LV00047BA/1430